UNE PHRASE FINIT
PAR UN BEAU JOUR
POUR MOURIR

Alter WU

UNE PHRASE FINIT PAR UN BEAU JOUR POUR MOURIR

(cordes)

LE VIEUX SAGE BOURRU
NE VA PAS LES PELER POUR VOUS
édition - poésie - tao

2020

ISBN 978-2-9561906-4-6

Dépôt légal : octobre 2020

Onques de grant pierre geter
N'oi voulenté.
Le Dit des traverses

... parce que comprendre c'est polluer l'infini...
Antonin ARTAUD, *Cahiers de Rodez*

Tout est obscur, mais de cette simple obscurité
qui repose des grandes mises en morceaux.
Samuel BECKETT, *Molloy*

Ceci délivré, corps perdu.

&

Pas simple de rester brouillon.

&

Dans ton noyé-d'eau, coi demeure, et bol de gommes.

&

Ermite à l'os, qui le déchireur de soutras ?

&

Sommes dans l'obscur papillon, sommes dans l'obscur Tchouang-tseu.

Elle me déshabille et nous regarde.

&

Petits jumeaux inconnus, la science de la nuit est ailleurs.

&

Vent et nuage, à brosser la terre des patates.

&

Piège de brume, la clôture penche.

&

Chasse suspendue, rosée plumes le rêve se déploient.

Toutes formes, toutes textures, leurs oublis dans la serre.

&

Avec un pommier mort le traverser.

&

Sa langue sans y toucher pétrit les poils de l'instant.

&

Un rayon déconcertant.

&

Les mots n'en ont pas.

Non ma pluie sur les cendres.

&

Et dur savourer le pain.

&

Du jaune si c'était l'œuf.

&

Papier debout la lumière m'emmerde.

&

Brûlure   les   rapaces   fâchés   élégamment   se
caressent.

Alors on n'appuie pas sur le bon bouton.

&

Dans l'eau du récupérateur, des fibres flottent.

&

Dans l'empire ocre du platane, mon pied crisse.

&

Des halos partout diablement immobiles.

&

J'ai défait tous les nœuds qui tenaient les tomates.

Là je veux avec tous mes secrets disparaître.

&

Sous un peuplier le repos, sous un peu de peau le repli.

&

Contre le principe d'authenticité.

&

Nos œufs restent muets, alors les eaux ne cessent de chanter.

&

La saisir est difficile, mais immédiat.

Le soleil se lave, l'ombre non.

&

Ces merdouilles ont plus de facettes que nos yeux
de mouches.

&

J'irais bien me taire un peu du côté de chez Xuán.

&

En eau de bouddha le non d'un chien.

&

Le vide offre son ventre aux caresses.

Il a plu, l'eau stagne, un jardin se déchire.

&

Le linceul, je tire sur son fil.

&

Une longueur de bras pour fermer le store.

&

Je m'assoupis dans le mou et l'intimité des poutres.

&

Provision de poussières, si le feu chiffonnait le grenier.

Femme pipi du haut du pont.

&

Mon amour aussi fait craquer le parquet du couloir.

&

Des nuages qui seraient petits.

&

Dans quel livre elle retrouve sa vieille réponse.

&

Un moteur pour tout, chacun ses éclaboussures.

Arrête le beurre et le taon.

&

Le prospecteur a les mots qui poussent et les doigts qui tremblent.

&

Fais naître sur court.

&

Ceux du bas, il n'y en a pas d'autres.

&

J'ai aspiré par mégarde une phrase rouge avec des points noirs.

On cherche dans le gravier de la cour la peinture abstraite tombée du panier.

&

Souriant comme un poème qui vient de refermer sa braguette.

&

Il faudrait que l'inadvertance déborde.

&

Le vent tiendra, car il est posé à l'envers.

&

Cervelle au mur, silencieux dévissé.

Le Mystère s'étudie, le Mystère aussi.

&

Les pinces à linge de bouillon de volaille dans une ancienne boîte.

&

C'est pourquoi je laisse un clou rouillé sur le rebord de la fenêtre.

&

Je te transmets son parfum et le tricot de peau de Nāgārjuna.

&

La chatière claque, l'insécable s'éveille.

La virgule de silence d'une page qu'elle tourne.

&

Coquin de gouffre.

&

Ses deux amis elfes lui fabriquaient des stradivarius miniatures, dont il jouait.

&

Les Anciens puent de la trace.

&

Rien ne fait ce bruit.

La messagère enferme provisoirement mes drôles de cascades.

&

Une clef-pour assez creuse.

&

Depuis ma mort, tous les koans sont faciles.

&

Les crayons ont des oreilles par où ils glissent.

&

C'est d'une source noire, tiède et cavilleuse.

Solutions en cinquième de couv.

&

Ma gougoutte me dit oui.

&

Les formes se mangent, d'où le vide.

&

Galets sur un yak, dans une passe de montagne.

&

Le givre des transformations.

Tous ces atomes n'ont qu'une seule moitié : un cheveu qui se cambre.

&

J'ai une main de fleuve, de montagne et d'éléphant.

&

Plus la morve sèche, Monsieur, relecture en cours.

&

Je n'ai pas encore reçu, grande trouée, les électrochocs que je vous ai commandés.

&

Mourons Wang Bi, mourons Zhaozhou.

Vieux libre, son silence langage.

&

Tchoum tchoum la fillette avec bagages.

&

Un contrechâteau où aligner les velours morts.

&

Le marginal au centre à errer.

&

Un livre en laisse avec grelots.

Nous observons un précipité, une fermentation et un cercle d'orgasme.

&

L'intouchable dans son berceau.

&

Gens contraires me font verber.

&

Tous ces bizarres dans l'eau.

&

Il savait où s'arrachaient ses trouvailles.

Un moine, oublié de bleu.

&

Du lierre dont on silhouette les manteaux.

&

La boue engloutit ces vaches, la géométrie ces ruches.

&

Une rondelle de carotte est une carotte, une rondelle d'homme aussi.

&

Un je-ne-sais-quoi se reflète dans le vasistas.

Le goût noir du marqueur sur ma langue est japonais.

&

J'ai l'aristote siamoise.

&

Une péniche, un patriarche.

&

Le réel a les voyelles de l'oiseau.

&

Révolte contre contre contre l'empilement.

Notre nef acceptera les hahas et les syzygies.

&

Crochet, retour à la jaille.

&

Devant le moulin, vous avez largement la place de manœuvrer.

&

Vient d'apparaître, prière d'inférer.

&

Douze petits bourdons font un petit bourdon.

Les noms viennent avec la peau, les choses avec l'oubli.

&

Dire la chevillette, et l'embobinette suivra.

&

Les phénomènes sont le repos de ce qu'ils ne sont pas.

&

Je veux dire nons.

&

Décrire Laubiès.

J'ai contemplé plus d'herbe et de gravier que d'arcs-en-ciel.

&

Une phrase finit par un beau jour pour mourir.

&

C'est ma tasse de thé, et elle brûle.

&

Scut un jour, Scut toujours.

&

J'ai la pointe qui sèche et le capuchon douloureux.

Taches d'enduit et tête de mort sur le chausson.

&

À l'intérieur, on pourrait tout dire.

&

Fragrances incroyables obtenues de ce vieux pyjama jamais ôté.

&

J'ai failli ourler.

&

Le mystère est son épluchure.

Gare, un philosophe m'a ralenti dans l'escalier.

&

D'une lucidité foncièrement floue.

&

Tout n'est pas là.

&

Cosmos, on regarde les chats finir la soupe.

&

J'ai donc le tétralemme qui flotte.

Tu vas vomir, Némo.

&

La passagère grippée dévisse dans son giron quelque chose.

&

S'y pencher sans perdre les eaux.

&

Wu wei : anar de ne pas.

&

Bâton sans barque en zone insondable.

Des cheveux du désert à la trajectoire inconnue.

&

La nuit ne cesse pas : c'est le jour.

&

À désherber mon paysage d'imperfection.

&

Mon ibijau ne va pas bien loin.

&

Enterrez mon éclipse de germes.

Une virginité dénichée par un volcan, salopée par une éruption.

&

Jamais dans une forêt je ne me suis perdu, mais dans les chemins d'écorce de cette bûche.

&

Abondance de nuit n'abonde pas.

&

Ou comment respirer à fond sans dérouler d'un iota sa langue de belle-mère.

&

Promenons nœuds dans l'aboi, mentant que le loup n'y est pas.

Mon tissu est inépuisable.

&

Le vide nous échappe, car il est féminin.

&

Plutôt sourire que connaître.

&

Le nuage s'en est allé, où je ne vois rien.

&

Un ruisseau peut rompre.

Son fil est rouge mais doux, son sac plein mais fermé.

&

À grandes nuées mes cerveaux tournoient sur la ceriseraie.

&

Je vous écris de l'autre côté des lacs.

&

Moi aussi les fleurs avec un poil d'abeille je les chatouillerai.

&

Nous étions enfermés dans un véritable jardin.

Chaque fissure est une clé.

&

Des pierres plates ici et là, et un chemin.

&

La bave déborde de nos repose-masques.

&

Le bip-bip des orties.

&

Tout au long de notre cercle de stupeur, les parfums chuchotent l'instant.

Sa fille philosophe, mais il va là-bas chercher un
élévateur.

&

Elles ont bâti leur cité autour d'un fruit.

&

C'est douloureux, un nœud-lumière de nuisette.

&

Je n'ai pas d'âme, mais des franges.

&

Sagesse ne coud pas.

Le raffut que nécessite aujourd'hui leur enfouissement.

&

Aucune mosaïque : la panse du crocodile.

&

Nous sommes le poème qui reste.

&

Cueilleuse, tu finiras tonneau.

&

Le détour est humain, le retour borroméen.

Langue pendante, sans verbe être.

&

Nature craquement dans son jus.

&

Le pont miroite, car il n'y a pas d'autre rive.

&

Pas de grande accalmie sans petit nécessaire.

&

Des multitudes de maîtres entortillés, ensemble couchés sur une paillasse vide.

Les hautes herbes fauchées ont désormais plusieurs enfances.

&

Le monde tourne autour d'une courroie de caoutchouc.

&

Elle me rencontre, mais n'empêche pas l'humidité.

&

Le terrain, la carte et l'étoile dans le même œil de vent.

&

Vous y êtes déjà, mais ce n'est pas vous.

Je ne donne pas, je coupe.

&

Avec la pluie, on entend l'odeur du silence.

&

Tout ce qui ne se ramasse pas, dans mon jardin.

&

On s'arracherait bien l'os des certitudes.

&

Depuis cette autre nuit, j'ai cessé d'être humain.

Un chat endormi sur chaque marche de l'escalier du rêve.

&

Le vif, tu ne l'as pas vécu.

&

On peut me lire dans l'obscurité, car je me suis imparfaitement éteint.

&

Et moi un trou par où je vomis des bonsaïs.

&

Vouvoyez le minou resté tu.

Échelle tombée, d'un jeu de doigts s'agripper à la trappe.

&

J'ouvre franchement mon voynich à des frissons de baigneuses nues.

&

Pour cette nuit le renard, laisser choir quelques belles cerises.

&

On disparaît doucement, dans le Maine-et-Loire.

Merci à J.B. pour R.L. & à B.W. pour L.S.

Le vieux sage bourru ne va pas les peler pour vous

La Mochonnière, 72300 Notre-Dame-du-Pé

http:/site.compoz.fr/levieuxsagebourru

ISBN 978-2-9561906-4-6

Dépôt légal : octobre 2020

www.ingramcontent.com/pod-product-compliance
Lightning Source LLC
Chambersburg PA
CBHW030941150426
42812CB00064B/3092/J